AF217339

LISA T. BERGREN

Weihnachten ist ein Geschenk des Himmels

Illustrationen von David Hohn

francke

„Mama", sagte der kleine Eisbär eines Abends.

„Freust du dich auch schon so auf Weihnachten wie ich?"

„Oh ja", sagte Mama Bär.

„Die Weihnachtszeit ist meine liebste Jahreszeit."

„Meine auch. Ich freue mich schon so auf die Geschenke und die Plätzchen und die Kerzen am Weihnachtsbaum. Das ist fast so schön wie Geburtstag – nur noch besser!"

„Weihnachten ist tatsächlich eine Geburtstagsfeier – die von Jesus! An Weihnachten feiern wir, dass Gottes Sohn als Baby auf diese Erde gekommen ist. Weihnachten ist ein Geschenk des Himmels."

Am nächsten Morgen kletterte der kleine Eisbär schläfrig auf den Schoß
seiner Mutter. „Mama, du erzählst mir doch immer, wie das war,
als ich auf die Welt gekommen bin. Erzählst du mir heute,
wie Jesus auf die Welt gekommen ist?"

„Es gibt nichts, was ich lieber tun würde.
Komm, wir machen einen Ausflug!"

„Juhuu!", rief der kleine Eisbär.
„Wir machen einen Ausflug!
Wir machen einen Ausflug!"

„Oh ja", sagte Mama Bär.
„Lass uns gemeinsam das Wunder
von Weihnachten entdecken."

Der kleine Eisbär schaute sich verstohlen
um und flüsterte dann leise:
„Können wir die anderen
zu Hause lassen?"

„Ja. Papa Bär kann
auf die Kleinen aufpassen.
Wir beide gehen allein los."

„Und dann erzählst du mir alles
über die Geburt von Jesus?"

„Ja, kleiner Eisbär. Ich erzähle dir alles über den
großartigsten Geburtstag der Welt. Du wirst sehen:
Weihnachten ist wirklich ein Geschenk des Himmels."

Der kleine Eisbär und Mama Bär machten sich auf den Weg.

Sie liefen einen steilen Schneehügel hinauf.

Das war ganz schön anstrengend.

„Auch die Eltern von Jesus mussten sich kurz vor seiner

Geburt auf eine anstrengende Reise machen.

Sie mussten nach Bethlehem gehen,

um sich dort zählen zu lassen.

Das hatte der Kaiser befohlen."

Endlich waren Mama Bär und der kleine Eisbär

oben auf dem Hügel angekommen …

… und konnten ihn auf der anderen Seite wieder hinunterrutschen.
Das machte Spaß!

„Als Maria und Josef endlich in Bethlehem waren, fanden sie nirgendwo
ein Zimmer. Sie mussten in einem Stall schlafen! Und dort, bei den Tieren,
wurde Jesus dann geboren."

Mama Bär und der kleine Eisbär kletterten einen weiteren Hügel hoch und bauten dort ihr Lager auf. „Heute Nacht schlafen wir hier", sagte Mama Bär.

Der kleine Eisbär war so müde, dass ihm sofort die Augen zufielen.

Mitten in der Nacht stupste Mama Bär ihn wach,
obwohl es noch dunkel war!

„M-Mama? Warum weckst du mich?"

„Weil der nächste Teil der Weihnachtsgeschichte sich auch in der Nacht
ereignet hat! Schau dir nur den Himmel an."

„Siehst du all die bunten tanzenden Lichter am Himmel?
In der Nacht, in der Jesus geboren wurde, waren Hirten auf dem Feld und
hüteten ihre Schafe. Und sie sahen auch etwas ganz Besonderes am Himmel:
einen Engel! Er erzählte ihnen, dass Gottes Sohn zur Welt gekommen war,
und zwar in einem Stall.

Und dann war der Himmel voller Engel, die sangen und Gott lobten,
weil das so eine großartige Neuigkeit war.

Die Hirten liefen schnell zum Stall und entdeckten dort tatsächlich Maria
und Josef und das Jesuskind, den Retter der Welt. Und da wussten sie:
Weihnachten ist ein Geschenk des Himmels!"

Am nächsten Tag kamen der kleine Eisbär und Mama Bär
zu einem großen See. Sie ließen sich gemütlich auf einer
Eisscholle treiben, als plötzlich ein lautes Krachen ertönte.
Der kleine Eisbär hielt sich die Ohren zu und sah
Mama Bär ängstlich an. „Was war das?", fragte er.

„Da hat sich nur ein Stück von der riesigen, mächtigen Felswand gelöst
und ist ins Wasser gestürzt. Weißt du, das erinnert mich irgendwie an Gott.
Er ist mächtiger als jeder König auf der Erde. Er herrscht über das ganze
Universum und ist viel größer, als wir uns vorstellen können.
Aber an Weihnachten hat er sich ganz klein gemacht."

„Jesus ist aus einem ganz
bestimmten Grund als
Baby in einer Krippe
auf die Welt gekommen.
Gott wusste, dass wir jemanden
brauchen, den wir sehen und
anfassen und vielleicht sogar
riechen können.
Und deshalb hat er seinen Sohn
als Mensch zu uns geschickt.“

Mama Bär hielt inne und schnupperte
am Hals des kleinen Eisbären.
Das kitzelte! „Nur so konnten wir
verstehen, wie lieb er jeden von uns hat!
Weihnachten ist wirklich ein Geschenk
des Himmels!"

Auch in dieser Nacht weckte Mama Bär den kleinen Eisbären, bevor die Sonne aufging. Sie zeigte nach Osten auf einen Stern, der sehr hell leuchtete. „Schau mal dort!"

Der kleine Eisbär rieb sich verschlafen die Augen. „Hat der Stern auch etwas mit Weihnachten zu tun?"

„Oh ja, auch in der Weihnachtsgeschichte spielt ein Stern
eine wichtige Rolle. Er zeigte drei weisen Männern aus
dem Morgenland, dass Jesus zur Welt gekommen war,
und führte sie zu ihm."

„Die Weisen aus dem Morgenland wussten, dass Jesus ein Königskind war, der Sohn Gottes. Sie beteten ihn an und schenkten ihm Gold, Weihrauch und Myrrhe. Sie wussten: Jesus ist ein Geschenk des Himmels."

„Bekommen wir deshalb an Weihnachten Geschenke?",
wollte der kleine Eisbär wissen.

„Die Geschenke sollen uns daran erinnern, was für ein besonderes Geschenk Gott uns mit Jesus gemacht hat", sagte Mama Bär. „Sie sollen uns daran erinnern: Weihnachten ist ein Geschenk des Himmels."

Auf dem Nachhauseweg kniete Mama
Bär neben einer kleinen Blume nieder.
„Schau mal, mein kleiner Eisbär!"
Der kleine Eisbär setzte sich neben
sie. „Ist es nicht überraschend,
dass diese Blume hier blüht?
Trotz Schnee und Eis? Genauso
überraschend war es für viele auch,
dass Gott als Baby auf die Erde
kam. Dabei ist Jesus das allerbeste
Geschenk von allen! Und stell dir
vor, kleiner Eisbär, er ist Gottes ganz
persönliches Geschenk für dich!"

„Für mich?"

„Ja. Weihnachten ist ein Geschenk des
Himmels für dich!"

Der kleine Eisbär und Mama Bär kamen
an einer Kirche vorbei. Sie war hell erleuchtet und davor
stand eine Krippe mit Holzfiguren.

„Warum steht da eine Krippe, Mama?"

„Sie soll uns an das erste Weihnachten in Bethlehem erinnern.
An die Geburt von Jesus im Stall. Morgen ist Weihnachten!"

Der kleine Eisbär sah sich die Krippe genauer an.

„Und Jesus ist wirklich ein Geschenk für uns alle?", fragte er.

„Auch für die gemeine Elsa Elch und den griesgrämigen Franz Fuchs?"

„Ja. Jesus ist ein Geschenk für uns alle, egal ob griesgrämig oder fröhlich, gemein oder freundlich. Weihnachten ist ein Geschenk des Himmels für jeden von uns."

Der kleine Eisbär war froh, dass er an diesem Abend wieder in seinem gemütlichen Bett schlafen konnte. Aber den Ausflug mit seiner Mutter hätte er um nichts in der Welt verpassen wollen. „Danke, dass du mir erzählt hast, wie Jesus zur Welt gekommen ist, Mama. Jetzt weiß ich: Weihnachten ist wirklich ein Geschenk des Himmels."

„Nichts hätte ich lieber getan", sagte Mama Bär und gab ihm einen Gute-Nacht-Kuss. „Schlaf gut, mein Kleiner."

In dieser Nacht träumte der kleine Eisbär von einem Stall und einer Krippe, von Hirten, singenden Engeln und einem hell leuchtenden Stern und von Gott, der als Baby auf die Erde kam.

Und als er am nächsten Morgen aufwachte, war endlich Weihnachten!

„Juhuu!", rief der kleine Eisbär. „Weihnachten ist ein Geschenk des Himmels!

Auch in diesem Jahr!"

2. Auflage 2019
ISBN 978-3-86827-545-2
Alle Rechte vorbehalten
Originally published in English under the title:
God Gave Us Christmas by Lisa Tawn Bergren
Copyright © 2006 by Lisa Tawn Bergren
Published by WaterBrook Press
an imprint of The Crown Publishing Group
a division of Penguin Random House LLC
12265 Oracle Boulevard, Suite 200
Colorado Springs, Colorado 80921 USA
Text copyright © 2006 by Lisa Tawn Bergren
Illustrations copyright © by David Hohn

International rights contracted through:
Gospel Literature International
P. O. Box 4060, Ontario, California 91761-1003 USA

This translation published by arrangement with
WaterBrook Press, an imprint of The Crown Publishing Group,
a division of Penguin Random House LLC

German edition © 2015 by Verlag der Francke-Buchhandlung GmbH
35037 Marburg an der Lahn
Deutsch von Agentur Schulte
Satz: Verlag der Francke-Buchhandlung GmbH
Printed in Czech Republic

www.francke-buch.de

Noch mehr von Lisa T. Bergren

Lisa T. Bergren

Du bist ein Geschenk des Himmels

ISBN 978-3-86827-421-9

36 Seiten, gebunden

Lisa T. Bergren

Ostern ist ein Geschenk des Himmels

ISBN 978-3-86827-447-9

36 Seiten, gebunden

Lisa T. Bergren

Der Himmel ist ein Geschenk des Himmels

ISBN 978-3-86827-507-0

36 Seiten, gebunden